Der Arena LeseStier
Kurze Geschichten

ten Haaf,
wurde in Bad Camberg im Taunus geboren, studierte Philosophie,
Theaterwissenschaften und Germanistik in Köln. Zahlreiche Reisen
führten ihn quer durch Europa. Er arbeitete unter anderem als
Möbelpacker, landwirtschaftlicher Helfer, Musiker und Statist.
ten Haaf schreibt seit vielen Jahren für Kinder, u.a. auch für die
Sendung mit der Maus und für den Kinderkanal.

Per-Henrik Gürth
wurde am 13.12.1967 in Freiburg geboren.
Er absolvierte ein 6-jähriges Studium an der Schule für Gestaltung
in Basel in der Schweiz, bevor er 1995 nach Kanada auswanderte.
Per-Henrik Gürth lebt und arbeitet als freischaffender Illustrator und
Multimedia-Designer in Toronto, Kanada. Er hat bereits über ein
Dutzend Bilderbücher illustriert.

ten Haaf

Raubritter Greifenstein

und andere
Rittergeschichten

Mit farbigen Bildern
von Per H. Gürth

Arena

In neuer Rechtschreibung

1. Auflage 1999
© 1999 by Arena Verlag GmbH, Würzburg
Alle Rechte vorbehalten
Reihengestaltung: Karl Müller-Bussdorf
Einband- und Innenillustrationen: Per H. Gürth
Gesamtherstellung: Westermann Druck Zwickau GmbH
ISBN 3-401-04821-X

Inhalt

Wie besiegt man einen Riesen?

Ritter Rudolf erzählte gern von seinen
Taten. Dazu lud er seine Freunde und
Nachbarn ein. Die meisten davon waren
ebenfalls Ritter. Er ließ gebratene Gänse
und Wein auftragen, und wenn er dann
richtig in Stimmung war, erzählte er die
wildesten Geschichten. Darin tauchten oft
gefährliche Drachen auf oder Riesen. Aber
auch er selbst kam in den Geschichten vor.
Natürlich war er in den Geschichten immer
der Sieger und mit so einer Kleinigkeit wie
einem Drachen wurde er schnell fertig.
»So habe ich ihm das Schwert in den
Rachen gestoßen und so habe ich ihm
den Schwanz abgeschlagen!«, rief er.
Dabei sprang er auf, nahm sein Schwert
und zeigte, wie er es gemacht hatte.

Die anderen staunten und hörten mit
offenem Mund zu. Ritter Irwein war bei
einer Erzählung von Ritter Rudolf einmal
sogar vor Schreck ein Hühnerbein im Hals
stecken geblieben. Aber seine Freunde
hatten ihn gepackt, auf den Kopf gestellt
und hin- und hergeschüttelt. Da war das
Hühnerbein wieder herausgefallen.
Die Nachbarn kamen gern zu Ritter
Rudolf. Erstens wegen des leckeren
Essens und zweitens wegen der großen
Heldentaten, von denen Ritter Rudolf
erzählte. Sie bewunderten ihn. Von ihnen
hatte nämlich noch nie jemand eine
Heldentat vollbracht. Nur Tulvan blieb
misstrauisch. Er glaubte nicht immer, was
Ritter Rudolf ihnen vortrug.
Einmal gab Ritter Rudolf die Geschichte
von dem berüchtigten Riesen Krawuttnich
zum Besten. »Er war wie alle Riesen ein

böser Unhold. Überall hatte er die Menschen in Angst und Schrecken versetzt«, sagte er und machte ein grimmiges Gesicht. »Die Leute holten mich. Denn ich bin als Riesenbezwinger bekannt – und ich habe ihn ein für alle Mal erledigt.«

Er riss der gebratenen Gans vor ihm auf dem Teller die Schenkel aus und rief: »So habe ich ihn zerteilt! Mit bloßen Händen! Das Blut floss in Strömen!«

Seine Freunde starrten ihn erschrocken an. Nach einer Weile meinte Olgard traurig: »Schade, dass gerade kein Riese hier in der Gegend ist. Dann könntest du uns zeigen, wie man ein so fürchterliches Wesen besiegt. Wir würden eine Menge von dir lernen können.«

»In der nächsten Zeit wirst du bei uns keinen Riesen sehen«, sagte Ritter Tulvan

mürrisch. »Ich bin schon vierzig Jahre alt,
aber einem Riesen bin ich hier noch nie
begegnet. Vermutlich sind sie
ausgestorben.«

Ritter Rudolf grinste vergnügt vor sich hin.
Er war sehr froh, dass gerade kein Riese
um die Burg schlich. Denn Tulvan hatte
Recht. Seine Geschichten waren fast alle
erfunden. Aber das sagte er seinen
Freunden natürlich nicht.

Am nächsten Tag legte sich Ritter Rudolf
in den Liegestuhl. Er wollte sich sonnen.
Doch plötzlich hörte er jemanden wie wild
gegen das Burgtor klopfen. Er musste
wohl oder übel aufstehen und öffnen.
Olgard, Tulvan und Irwein standen vor
dem Tor. Olgards Gesicht war kreidebleich.
»Was ist denn mit euch los? Warum
macht ihr einen solchen Lärm?«, fragte
Ritter Rudolf verwundert.

»Dahinten – da ist – da ist ein leibhaftiger Riese!«, stotterte Olgard und zeigte zum Wald hinüber.

»Ach Unsinn! Ihr habt euch bestimmt geirrt!«, meinte Ritter Rudolf.

»Nein, nein. Da ist wirklich ein Riese. Ich habe ihn auch beobachtet. Er sieht zum Fürchten aus!«, bestätigte Irwein. Er zitterte wie Espenlaub. Ritter Rudolf erschrak.

»Nun, jetzt kannst du uns ja zeigen, wie du Riesen besiegst«, grinste Tulvan schadenfroh. »Wir kommen mit und sehen uns deine Heldentat aus der Nähe an!«, fügte er schlau hinzu.

»Nein, nein!«, hob Ritter Rudolf die Hände. »Das geht nicht. Höchstens bis zum Waldrand. Alles andere wäre zu gefährlich für euch!«

Dann rannte er ins Haus.

Ein leibhaftiger Riese! Was mache ich nur?, überlegte er verzweifelt. Ich muss ihn fangen. Sonst lachen mich meine Freunde aus. Plötzlich hatte er eine Idee. Er holte einen Rucksack und packte ihn voll mit Schinken, Würsten und Wein. Außerdem stopfte er ein Seil hinein. Vielleicht hat der Riese Hunger und ich kann ihn damit besänftigen, dachte er. Wenn er dann dahockt und isst – dann nehme ich das Seil und –, aber was ist, wenn er keinen Hunger hat? Dann zermalmt er mich zwischen den Fingern. Bei diesem Gedanken lief es Ritter Rudolf kalt über den Rücken. Am liebsten wäre er weggelaufen.

Doch seine Freunde riefen schon ungeduldig nach ihm. Deswegen nahm er allen Mut zusammen, ging nach draußen und sie zogen los.

»Was ist in dem Rucksack drin? Etwa ein
besonders großes Schwert für Riesen?«,
wollte Olgard wissen.

Doch Ritter Rudolf verriet es nicht. Am
Waldrand hielten sie an.

»Viel Glück!«, sagte Irwein. »Da... da...
danke!«, stotterte Ritter Rudolf und
wanderte in den Wald.

Plötzlich sah er den Riesen. Er lehnte an
einem Baum und schlief. Wie es sich für

einen Riesen gehörte, war er sehr groß
und sah tatsächlich zum Fürchten aus.
Ritter Rudolf traten vor Angst
Schweißperlen auf die Stirn. Ein Zurück
gab es nicht mehr. Vor dem Wald warteten
seine Freunde.
Er versuchte sich dem Riesen so
vorsichtig wie möglich zu nähern. Doch er
trat auf einen Ast. Es knackte laut und der
Riese wachte erstaunt auf. Ritter Rudolf
wollte wegrennen. Aber schon nach
einigen Metern stolperte er und fiel hin.
Jetzt ist es aus mit mir, dachte Ritter
Rudolf entsetzt.
Doch der Riese packte ihn nicht, sondern
kam nur näher und sagte sehr freundlich:
»Du brauchst keine Angst vor mir zu
haben. Ich tue niemandem etwas.«
Ritter Rudolf war zuerst völlig überrascht,
dann aber sehr erleichtert. Er bot dem

Riesen – der übrigens, wie sich kurz
danach herausstellte, Galonk hieß –
Schinken und Wein an. Doch Galonk
schüttelte traurig den Kopf. Er wollte
nichts essen.

»Was hast du?«, fragte Ritter Rudolf.

»Alle haben Angst vor mir. Du auch, sonst
wärst du ja nicht weggelaufen. Deswegen
bin ich immer einsam und allein. Ich möchte
wie andere Leute ein Zuhause haben und
nicht andauernd allein im Wald herumirren«,
sagte Galonk. Dabei kullerten ihm zwei
riesige Tränen die Wangen herunter.

Ritter Rudolf hatte eine Idee. War er nicht
auch allein zu Hause?

Und war das nicht manchmal sogar sehr
langweilig?

Deswegen sagte er: »Vor dem Wald
warten Freunde von mir. Sie denken, dass
ich Riesen besiegen kann. Lass dich von

mir fesseln und auf meine Burg bringen.
Dann kannst du bei mir wohnen.«

»Für immer?«, fragte Galonk.

Ritter Rudolf nickte: »Mein Ehrenwort als
Ritter!«

»Gut, dann mach ich mit!«, sagte Galonk.

Ritter Rudolf war so vergnügt wie lange nicht
mehr. Er fesselte den Riesen. Natürlich nicht
sehr fest. Dann lief er zu seinen Freunden
und sagte: »Besorgt schnell ein paar
Männer und einen Leiterwagen!«

»Hast du ihn etwa schon besiegt?«, fragte
Olgard.

»Natürlich«, antwortete Ritter Rudolf.

Tulvan machte ein überraschtes Gesicht.
Er hatte etwas anderes erwartet.

Die Männer sowie Ritter Rudolfs Freunde
trugen den Riesen aus dem Wald und
legten ihn auf den Leiterwagen. Sie fuhren
Galonk durch das Dorf unterhalb der Burg.

an. Es kam ihm vor, als mache sein Großvater ein wütendes Gesicht. Du hast Recht, dachte Greifenstein plötzlich, Leute im Schlaf überfallen, das schickt sich selbst für einen Raubritter nicht.

Er ließ sein Schwert sinken und ging zurück in sein Zimmer.

»Ich kann Euch nichts zum Frühstück anbieten. Meine Vorratskammer ist leer«, sagte Greifenstein am nächsten Morgen zu Gregorius.

»Macht nichts«, meinte der Kaufmann, »wir haben genug dabei.« Dann legte er einen großen Schinken, Brot und Käse auf den Tisch. So herrliche Sachen hatte Greifenstein schon seit Jahren nicht mehr gesehen. Er aß, was das Zeug hielt. Endlich wurde er wieder satt. Nach dem Frühstück sagte Gregorius: »So, nun wollen wir für die Übernachtung zahlen!«, und gab Greifenstein zwei glänzende Goldstücke.

»Was? So viel Geld für eine Übernachtung?«, entfuhr es Greifenstein.

»Ja. Wir sind nämlich dankbar, dass Ihr uns aufgenommen habt. In der Nähe gibt es weit und breit keine Herberge. Wären wir einfach weitergefahren, wären wir vielleicht einem dieser üblen Raubritter in die Hände gefallen«, erwiderte Gregorius.

Greifenstein wurde rot und schwieg.

Danach wollte der Kaufmann wissen, in welcher Richtung Birgenheim lag.

Greifenstein ging mit ihm auf die Zinnen und zeigte es ihm.

Dann rumpelten Gregorius und seine Familie mit dem schwer bepackten Wagen davon. Die Kinder winkten Greifenstein und dieser winkte zurück.

Danach ging er im Rittersaal auf und ab

und grübelte. Immer wieder musste er an den Satz von Gregorius denken: »In der Nähe gibt es weit und breit keine Herberge.«

Mit dem Überfall hat es nicht geklappt, dachte der Raubritter, mit der Fallgrube auch nicht, wenn ich vielleicht –?

Greifenstein hatte es plötzlich sehr eilig. Er lief in die Scheune und zimmerte ein Schild, das er an einem Stock befestigte. Auf das Schild malte er einen Pfeil und schrieb darunter: Burg Greifenstein. Übernachtung mit Frühstück.

Dann befestigte er das Schild am Wegesrand. In der Burg nahm er einen Putzeimer und schrubbte den Boden. Er fegte die Spinnen weg, jagte die Mäuse aus den Zimmern, bezog die Betten und steckte die letzten, frischen Kerzen auf. Als er an dem Bild seines Großvaters

vorbeikam, schien dieser noch wütender zu sein als letzte Nacht.

Es ist mir egal, ob du wütend bist. Von irgendetwas muss ich ja leben, dachte Greifenstein.

Dann saß er am Fenster und wartete. Aber es regnete.

Da war bestimmt keiner unterwegs. Am nächsten Tag hielt er vom Burgturm Ausschau. Doch er konnte keinen Reisenden entdecken. Wieder nichts, dachte Greifenstein enttäuscht. Er rechnete schon damit, dass er nun endgültig verhungern müsste.

Aber am dritten Tag zog jemand heftig an der Torglocke. Greifenstein versteckte sein Schwert, band eine Schürze um und öffnete. Die ersten müden Wanderer und Kaufleute waren da, um auf der Burg zu übernachten. Sie wollten wissen, wie viel

die Übernachtung kostete. Greifenstein
zeigte ihnen die Preisliste und sie waren
einverstanden. Was sollten sie auch
machen? Es gab weit und breit keine
andere Herberge.

Die neuen Gäste schienen Greifensteins
Großvater überhaupt nicht zu gefallen. Er
machte jetzt ein Gesicht, als würde er vor
Wut gleich aus dem Bild springen.
Greifenstein schnitt ihm eine Grimasse.

Bald konnte Greifenstein die vielen Gäste
nicht mehr alleine bedienen. Er musste
eine Köchin, ein Dienstmädchen und einen
Pferdeknecht einstellen. Doch der
Aufwand lohnte sich. Die Truhe auf dem
Speicher füllte sich mit Goldstücken.

Die meisten Reisenden waren zufrieden.
Greifenstein war freundlich und die Preise
nicht zu hoch.

Manche Gäste hatten allerdings etwas

Angst vor dem Bild von Greifensteins Großvater. Der schaute immer grimmiger drein.

Greifenstein ärgerte sich über das Bild.

»Jeden Tag bist du wütend, weil ich kein gefürchteter Raubritter bin wie du. Aber dafür mögen die Leute mich, das ist doch auch etwas«, sagte er.

Plötzlich hatte er eine Idee. Er nahm das Bild von der Wand und trug es auf den Speicher.

»Wenn du dich wieder beruhigt hast, kommst du an deinen alten Platz«, meinte Greifenstein und ging zufrieden über seinen Einfall zurück zu seinen Gästen.

Der grimmige Gunnar

In der Nähe des Rheins lebte auf einer
prachtvollen Burg der Herzog von Maien.
Er besaß eine Tochter mit Namen Isolde.
Isolde war ausgesprochen hübsch. Jeder
Ritter hätte sie gerne zur Frau gehabt.
Aber keiner traute sich den Herzog zu
fragen, ob er sie heiraten dürfe. Denn der
Herzog war ein brummiger Kerl. Sagte
man nur ein falsches Wort, warf er einen
glatt in den dunkelsten Kerker.
So wurde Isolde älter und älter und hatte
immer noch keinen Mann. Selber durfte
sie sich keinen suchen. Das taten früher
immer die Eltern. Isolde war traurig. All
ihre Freundinnen waren verheiratet. Nur
sie noch nicht. Deswegen saß sie oft am
Fenster ihres Zimmers und weinte. Eines
Tages hatte Edwina, ihre Mutter, genug.

Sie ging zu ihrem Mann, dem Herzog, und fragte: »Willst du Isolde nicht endlich einen Ehemann besorgen? Sie weint sich ja sonst noch die Augen aus.«

»Ich nehme aber nur einen mutigen Ritter als Schwiegersohn und keinen Waschlappen!«, erwiderte der Herzog.

»Wenn es weiter nichts ist! Dann veranstalte doch einfach ein Turnier! Dann kannst du den Besten aussuchen! Aber eines sage ich dir. Er muss auch Isolde gefallen«, meinte Edwina. Ein Turnier – das machte dem Herzog Spaß. Er sandte sofort Boten aus, um die mutigsten Ritter einzuladen. Wer gewann, sollte ihn um die Hand von Isolde bitten dürfen.

Einer der Boten kam auch zu dem grimmigen Gunnar. Gunnar war der kräftigste Ritter weit und breit. Viele Leute fürchteten sich vor ihm. Die Hand der

Tochter des Herzogs – das war etwas
Besonderes, das gefiel ihm.
Also ritt er sofort los. Als die anderen
Ritter erfuhren, dass der grimmige Gunnar
kommen würde, blieben sie lieber zu
Hause.
Nur der junge Ritter Eric zog ebenfalls zu
dem Turnier. Er hatte Isolde schon einmal
gesehen und sie hatte ihm sehr gefallen.
Zu dem Kampf nahm er seinen Bogen mit.
Er war ein guter Schütze und vielleicht
konnte er den Bogen ja gebrauchen.
Auf dem Turnierplatz vor der Burg des
Herzogs versammelten sich viele
Neugierige. Der Herzog, Edwina und
Isolde saßen auf einem Ehrenplatz. Der
Herzog war erstaunt, dass nur zwei Ritter
um Isolde kämpfen wollten.
»Das kommt daher, weil der grimmige
Gunnar dabei ist. Vor dem haben alle

Angst«, meinte der Hofmeister, der so etwas
wie der oberste Diener des Herzogs war.
Der Herzog gab den Befehl anzufangen.
Da trat der Hofmeister vor und rief:
»Zuerst wird mit der Lanze gekämpft. Zum
Kampf treten an Ritter Gunnar und Ritter
Eric!«
Isolde gefiel der grimmige Gunnar gar
nicht, der junge Ritter Eric dagegen sehr.
Eric und Gunnar klappten ihre Visiere
herunter, nahmen die Lanzen in die Hand
und ritten aufeinander los.
Mit einem lauten Rums krachten sie
gegeneinander. Gunnar hielt sich auf dem
Pferd, Eric fiel herunter. Damit hatte
Gunnar den ersten Kampf gewonnen.
Der Herzog freute sich. Der kräftige
Gunnar war ihm lieber als der junge Eric.
»Was kommt als Nächstes?«, fragte der
Herzog.

»Es sind insgesamt vier Kämpfe. Als Nächstes kommt Steineschleudern«, antwortete der Hofmeister.

Gunnar krempelte sich die Ärmel hoch, packte den Stein und warf. Der Stein landete dicht vor Isolde. Nun war Eric dran. Er warf, so weit er konnte. Aber sein Stein schlug weit hinter dem von Gunnar ins Gras. So hatte Gunnar auch diesen Kampf gewonnen. Isolde machte ein trauriges Gesicht.

Der dritte Kampf war ein Wettlauf, und zwar rund um den Turnierplatz. Gunnar und Eric zogen ihre Rüstungen aus. Der Hofmeister gab das Startzeichen, dann rannten sie los. Die Leute schrien und feuerten die Läufer an. Zuerst führte Gunnar. Eric war nicht so stark wie Gunnar. Dafür war er aber behänder und geschmeidiger. Er holte auf und kam immer näher an Gunnar heran.

Gunnar merkte, dass er Eric nicht davonlaufen konnte. Deswegen stellte er ihm kurz vor dem Ziel ein Bein. Eric fiel zwar hin. Aber durch das Fallen war er mit dem Kopf schneller im Ziel als Gunnar mit seinem Bauch.

»Diesen Kampf hat Ritter Eric gewonnen!«, rief der Hofmeister.

Isolde fiel ihrer Mutter vor Freude um den Hals. Die Zuschauer jubelten. Ihnen gefiel der junge Eric ebenfalls besser als der grimmig dreinschauende Gunnar.

Der nächste Kampf, der der letzte sein sollte, war das Wettsingen. Gunnar ließ sich eine Laute reichen und schmetterte mit kräftiger Stimme:

> »Ich bin gern zu Hause und trinke Bier.
> Doch ritt ich aus zu diesem Turnier,
> bald reit ich weg von hier,
> dann ess ich wie ein Stier.«

Der Beifall war nicht allzu groß. Auch der
Herzog kratzte sich am Kopf. Gunnar hatte
nicht sehr schön gesungen, eher wie ein
Hahn mit Halsschmerzen.
Jetzt war Eric dran. Er nahm ebenfalls die
Laute und sang:

>	»Der Herzog von Maien
>	besitzt ein Kind,
>	so schön wie die
>	schönsten Blumen sind.
>	Seit ich sie sah, bin ich sehr froh,
>	mein Herz brannte in Liebe
>	sofort lichterloh!«

Seine Stimme erhob sich rein und klar
über den Turnierplatz.
Bei Gunnar hatten die Leute höflich
geklatscht, aber jetzt sprangen sie auf und
tobten vor Begeisterung. Also war Eric
erneut der Sieger.

Doch was nun?

Beide hatten zwei Kämpfe gewonnen. Es stand also unentschieden.

»Wir müssen noch einen Entscheidungs-kampf durchführen. Aber was nehmen wir da?«, fragte der Herzog ratlos.

Keiner wusste eine Antwort. Da entdeckte Isolde den Bogen an Erics Zelt. Vielleicht hat er ihn mitgebracht, weil er damit gut umgehen kann, dachte sie. Deswegen schlug sie vor, dass man mit dem Bogen schießen sollte. Ihr Vater war einverstanden und der Hofmeister ließ eine große Scheibe bringen. Gunnar stellte sich auf und traf genau ins Schwarze. Isolde erschrak. Doch Eric blieb ruhig. Bogen schießen konnte er. Er spannte die Sehne, zielte genau und zerteilte mit seinem Pfeil den von Gunnar in der Mitte. Die Leute jubelten.

Eric war eindeutig der Sieger. Isolde stürzte von ihrem Ehrenplatz nach unten und umarmte ihn.

»Da brauche ich wohl nicht mehr zu sagen, dass ich ihm die Hand meiner Tochter gebe«, brummte der Herzog.

»Nein, er hat sie nämlich schon!«, lachte Edwina.

Am Abend wurde Verlobung gefeiert. Isolde und Eric saßen glücklich nebeneinander. Aber auch der Herzog war schließlich zufrieden. Immerhin war sein Schwiegersohn kein Waschlappen. Er hatte sich mutig und geschickt angestellt.

Sogar Gunnar vergaß die Niederlage nach einer Weile.

Denn wenn er etwas lieber tat als kämpfen, so war es essen und trinken.

Da machte ihm keiner was vor und darin blieb er an diesem Abend auch der alleinige Sieger.

Rosalindes List

Ritter Adalbert stand am Feldrand und blickte wütend auf seinen Gegner. Sein Gegner war Wilfried, der Sohn von Ritter Schwarzbart.

»Das ist unser Feld! Hast du das verstanden?«, rief Adalbert wütend.

»Nein! Es gehört uns!«, rief Wilfried genauso zornig zurück.

Die beiden Ritterfamilien stritten sich schon lange um das fruchtbare Feld. Adalbert bückte sich und hob einen großen Stein auf. Dann trug er ihn zu der Stelle, die er für die Grenze hielt.

»Bis dahin gehört das Land euch. Keinen Zentimeter weiter!«, sagte Adalbert und wischte sich den Schweiß ab. Der Stein war sehr schwer gewesen.

Wilfried hob ebenfalls einen Stein auf,

einen noch viel größeren, und trug ihn auf die andere Seite.

»Da ist die Grenze und nirgendwo anders!«, erwiderte der junge Ritter. Er brauchte sich keinen Schweiß abzuwischen. Er war nämlich äußerst stark.

»Na warte, wenn ich deinen Vater treffe. Mit dem werde ich kämpfen!«, schimpfte Adalbert.

»Du kannst mit mir kämpfen!«, sagte Wilfried und zog sein Schwert.

»Du bist noch ein Junge«, winkte Adalbert ab.

»Du traust dich wohl nicht gegen mich anzutreten?«, fragte Wilfried grinsend.

»Angeber!«, brummte Adalbert und stieg auf sein Pferd.

»Wir sehen uns wieder. Demnächst werden wir eure Burg stürmen!«, rief Wilfried hinter ihm her.

Schwarzbart hat es gut, dachte Adalbert auf dem Heimritt. Er hat einen Sohn, der kräftig und mutig ist. Und was habe ich? Eine Tochter, ein Burgfräulein, das nichts anderes kann als singen und sticken. Sticken tat Rosalinde – so hieß Adalberts Tochter – tatsächlich gerade. Sie saß mit ihrer Mutter Irmgard in der Sonne auf dem Balkon und bestickte für ihren Vater eine große Serviette. Sie hätte gerne fechten oder jagen gelernt. Aber das durften Burgfräuleins nicht. Das war Männersache.

In dem Burghof unter dem Balkon war eine Menge los. An jeder Ecke wurde gearbeitet. Der Schmied schlug Hufeisen an, die Köchin schob Brot in den Backofen. Ein Dienstmädchen zog Wasser aus dem Brunnen. Ein Knecht fütterte die Schweine und ein Küchenjunge holte Salat aus dem Garten.

Adalbert kam nach Hause und war unglücklich.

»Was ist los?«, fragte seine Frau.

»Ich hatte Streit mit Schwarzbarts Sohn Wilfried. Wegen des Feldes. Sie werden bestimmt bald unsere Burg stürmen«, seufzte Adalbert.

»Dann werden wir uns eben verteidigen«, sagte Irmgard entschlossen.

»Wie denn?«, meinte Adalbert.

»Schwarzbart hat viel mehr Leute als wir und dazu einen kräftigen Sohn. Und was habe ich? Eine Tochter, die stickt.«

Rosalinde blickte traurig zu Boden.

Am nächsten Morgen beobachtete Adalbert die Landschaft.

Doch von Schwarzbart war weit und breit nichts zu sehen. Adalbert wusste nicht, was er tun sollte, wenn Schwarzbart heranrückte. Aber Rosalinde hatte eine Idee. In der

Mitte des Burghofes stand ein dicker, fensterloser Turm. Er war der letzte Zufluchtsort, wenn Angreifer kamen. Deswegen lagerten auch viele Vorräte an Essen dort. Die trug Rosalinde mit dem Küchenjungen alle hinaus.

»He, was macht ihr denn da?«, rief Adalbert und kletterte aufgeregt von der Burgmauer.

Rosalinde erzählte ihm von ihrem Einfall.

»Meinst du, das klappt?«, fragte Adalbert danach erstaunt.

»Ich glaube schon«, antwortete Rosalinde.

Am nächsten Tag rückte Schwarzbart heran. Viele Soldaten zogen hinter ihm her. Auch Wilfried war dabei.

»Ergebt euch!«, rief Schwarzbart grimmig.

»Niemals!«, erwiderte Adalbert.

Da legten Schwarzbarts Männer die Leitern an. Adalbert und seine Leute

wehrten sich. Aber nicht allzu heftig. Bald standen Wilfried, Schwarzbart und ihre Männer im Burghof. Plötzlich entdeckten sie an der Tür des dicken Turmes im Hof ein Schild. Darauf stand: Wertvoller Burgschatz! Bitte den Turm nicht betreten! Das Schild hatte Rosalinde geschrieben, aber das wussten Schwarzbart und seine Leute natürlich nicht.

Kaum hatten sie das Schild gelesen, öffneten sie die Tür und rannten in den Turm. Es gab ein großes Gedrängel. Jeder wollte etwas von dem Schatz haben.

Sobald der Letzte drin war, begannen Adalbert, die Köchin, der Schmied, Rosalinde und Irmgard die Tür von außen zu verrammeln.

Dazu holten sie alles herbei, was sie kriegen konnten. Endlich erschien Schwarzbart oben auf den Zinnen.

»He, in dem Turm ist ja gar kein Schatz!«, schrie er.

»Nein! Und auch nichts zu essen!«, lachte Adalbert.

Schwarzbart und seine Leute rannten nach unten. Sie versuchten die Tür zu öffnen. Aber sie bekamen sie nicht auf. Auch der starke Wilfried bemühte sich vergeblich. Nun wusste Schwarzbart, dass er auf eine List hereingefallen war.

»Wir können ja über das Feld verhandeln!«, rief Adalbert.

Doch Schwarzbart wollte nicht.

Am nächsten Tag hielten er und seine Leute sich die Bäuche vor Hunger. Gegen Nachmittag stellte sich Schwarzbart auf den Turm und rief: »Meinetwegen, verhandeln wir über das Feld!«

»Zuerst müsst ihr die Waffen herunterwerfen!«, befahl Adalbert.

Kurz danach lagen alle Waffen im Hof.
Adalbert öffnete die Tür und Schwarzbart
und Wilfried durften heraus. Sie setzten
sich an einen Tisch und verhandelten.
Schließlich einigten sie sich. Jeder sollte
die Hälfte des Feldes bekommen.
Außerdem wollten sie nie mehr Krieg
gegeneinander führen.
»Und wer hatte den Einfall mit dem
Schild?«, fragte Schwarzbart neugierig.
»Hier. Meine Tochter Rosalinde.
Manchmal ist eine kluge Tochter mehr
wert als ein starker Sohn«, sagte Adalbert.
Er war jetzt sehr stolz auf seine Tochter.
Rosalinde freute sich, dass ihr Trick
geklappt hatte.
Bald darauf zogen Schwarzbart und seine
Leute ab. Unter dem Burgtor lächelte
Wilfried Rosalinde zu. Rosalinde lächelte
zurück.

»Die beiden mögen sich. Vielleicht
heiraten sie. Dann wird aus dem geteilten
Feld wieder ein ganzes«, sagte Irmgard.
»Nicht schlecht«, grinste Adalbert und
dachte vergnügt an die Enkelkinder: lauter
kleine Ritter.
Mädchen durften auch dabei sein. Sie
waren zwar nicht so stark, aber dafür
manchmal sehr klug.